Marion Dawidowski

Wir feiern Karneval

Fensterbilder, Masken & Tischdeko

CHRISTOPHORUS
BRUNNEN-REIHE

Inhalt

Zur fünften Jahreszeit

Der Karneval bringt Farbe und Schwung in die sonst triste Jahreszeit. Da geht es fröhlich und bunt zu. Für alle Närrinnen und Narren gibt es hier neue und lustige Ideen.

Farbenfrohe Fensterbilder und witzige Tischdekorationen bilden den Rahmen für die tollen Tage. Hier treiben es Clowns, Indianer, Pippi Langstrumpf, Hexen und Zauberer recht bunt. Mit den Masken lassen sich Kostüme schnell ergänzen und aufwerten. Fantasievolle Girlanden schmücken die Partyräume. Die Konfettikanone ist garantiert der Renner für Groß und Klein. Alle Ideen sind aus Tonkarton, gemusterten Kartons und Wellpappe schnell nachgebastelt.

Ich wünsche Ihnen viel Spaß in der närrischen Zeit.

M. Dawidowski

So gehts

Material und Hilfsmittel

■ Als Grundmaterial für die hier gezeigten Modelle wird Tonkarton in verschiedenen Farben und Mustern benötigt. Ebenso verwendet werden Wellpappe, Regenbogenkarton, Krepppapier und Holografiekarton. Die genauen Angaben entnehmen Sie der jeweiligen Materialspalte.

■ Zum Übertragen der Vorlagen Transparentpapier, einen weichen und einen harten Bleistift benutzen. Die Motive werden mit einer Schere ausgeschnitten. Für enge Kurven eignet sich eine Nagelschere und für innen liegende Linien ein Cutter. Radiergummi und Lineal zurechtlegen.

■ Zusammengefügt werden die Modelle mit Flüssigkleber; zum Aufhängen wird Klebeband benötigt.

■ Mit schwarzem Filzstift werden die Gesichter gemalt, ein weißer Gelstift ist für die Lichtreflexe notwendig. Für das Wangenrot wird ein roter Wachsmalstift gebraucht.

Anfertigen der Motive

1 Transparentpapier auf das gewünschte Motiv legen und alle Motivteile ohne Überschneidungen mit Bleistift übertragen. Das Transparentpapier auf der Rückseite mit weichem Bleistift schraffieren, mit der schraffierten Seite auf den gewünschten Tonkarton legen und die Linien noch einmal nachziehen.

2 Alle Motivteile sorgfältig ausschneiden. Wenn nicht anders in der Anleitung erwähnt, sind die Angaben nur für die Vorderseite eines Motivs. Soll auch die Rückseite ausgearbeitet werden, benötigt man die meisten Teile noch einmal seitenverkehrt. Bei Wellpappe wird die Vorlage auf die glatte Rückseite übertragen (seitenverkehrt). Das Motiv entsprechend der Vorlage und dem Foto mit Kleber zusammenfügen. Um Flecken zu vermeiden, immer nur wenig Kleber verwenden.

3 Mit Filzstift die Gesichter und Körperlinien zeichnen. Lichtreflexe werden mit dem Gelstift gemalt. Um das Wangenrot aufzutragen, einen weichen Lappen um einen Finger wickeln, den Wachsmalstift daran reiben und dann mit dem Lappen über den Tonkarton wischen.

Karneval Helau

Material

- Tonkarton in Hautfarben, Regenbogen
- Tonpapier in Weiß, Gelb, Orange, Grün, Blau, Lila
- Tonkarton mit Pünktchen, Streifen, Herzen
- Messingdraht, 0,6 mm
- Satinband in Rot, 2 m
- Satinband in Blau, 80 cm
- Filzstift in Schwarz
- Gelstift in Weiß
- Buntstift in Rosa

Vorlage A

Motivgröße: 11 cm

Anleitung Seite 8

AU
EVAL

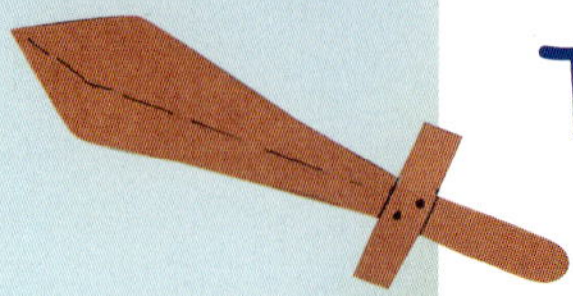

Tapferer Ritter

Material

- Tonkarton in Hautfarben, Gelb, Rot, Grün, Braun, Silber
- Tonkarton in Blau mit Punkten
- Stickgarn in Schwarz
- 2 Federn
- Filzstift in Schwarz
- Gelstift in Weiß
- Wachsmalstift in Rot
- Locher

Vorlage B

Motivgröße: 29 cm

Die Motivteile der Vorlage entsprechend ausschneiden. Der Ritter bekommt den Helm aufgesetzt. Er trägt einen blau gemusterten Pulli und eine grüne Hose, bei der die Beinlinie bis über das Knie eingeschnitten wird. Die Armlinie weit einschneiden und den Brustpanzer darunter schieben, ein Stück Stickgarn zur Schleife binden und fixieren. Beide Hände an den Armen befestigen und das Schwert mit dem Handteil auf die erhobene Hand kleben. Die Knieschützer aufkleben. Das Steckenpferd aus Kopf, Stange und Rad zusammensetzen. Aus 2 cm langen Stücken des Stickgarnes auf der Kopfrückseite die Mähne aufkleben. Nun die roten Zügel und den gelben Locherpunkt fixieren. Die Federn am Helm platzieren. Gesichter, Details und Lichtreflexe malen.

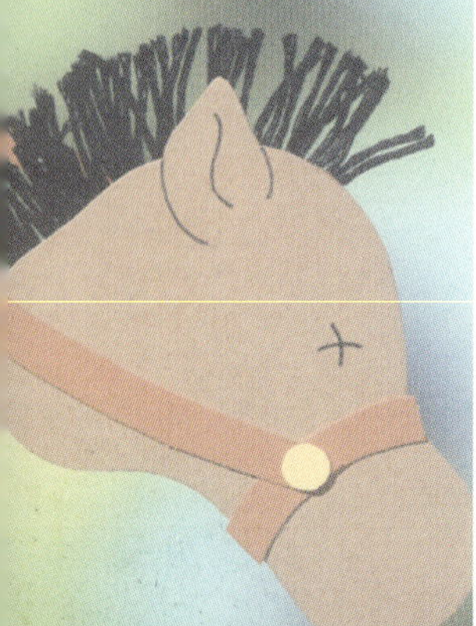

Karneval Helau

Abbildung & Materialangaben Seite 6/7

1 Pro Buchstaben einen Streifen Tonpapier von 8 cm mal 24 cm zuschneiden. Die Streifen falten (8 cm x 12 cm), die Buchstaben auf das Papier übertragen (dabei liegt die obere Kante der Buchstaben immer am Falz) und ausschneiden.

2 Köpfe und Hände aus Tonkarton schneiden; die Gesichter malen. Für jede Figur 20 cm Messingdraht schneiden, doppelt legen, die Enden bis auf 2 cm umeinander drehen und kleine Kringel biegen – diese schauen als Frisur hinter den Köpfen hervor. An das andere Ende je eine Hand kleben. Die Figuren an einzelnen Buchstaben fixieren. Das rote Satinband in 90 cm und 110 cm teilen, die Enden zusammenknoten. Buchstaben mit Lichtreflexen bemalen und über das Band hängen. Die Luftballons mit Lichtreflexen verzieren sowie an jeden ein blaues, 20 cm langes Satinband binden und an der Girlande befestigen.

Buntes Feuerwerk

Material

Tischfeuerwerk
- Tonkarton in Weiß
- Regenbogenkarton
- Tonkarton gemustert
- Regenbogen-wellpappe
- Krepppapier in Orange
- 1 leere Toiletten-papierrolle
- Paketschnur
- Klebefilm

Konfettikanone
- Tonkarton in Weiß, Silber; Reste in Gelb, Rot, Grün, Blau
- Holografiefolie, selbstklebend
- Pappkern einer Rolle Haushalts-papier (ca. 5 cm ∅)
- Tüll, 7 cm x 7 cm
- Paketklebeband
- Filzstift in Schwarz
- Gelstift in Weiß
- Locher

Vorlagen C1, C2

Anleitung Tischfeuerwerk

1 Die Toilettenpapierrolle mit Regenbogenkarton umkleben. Den Kreis aus weißem Tonkarton schneiden, die Klebelaschen hochbiegen und fixieren (Vorlage C2). Den Innenkreis noch einmal aus Wellpappe schneiden und in das entstandene „Schälchen" einkleben. Zwei Stücke Paketschnur von 25 cm zu einem gleichmäßigen Kreuz legen und den Kreuzungspunkt unter dem Boden des Schälchens mit Klebefilm befestigen. Das Schälchen in die Öffnung der Papprolle setzen, sodass die Paketschnurenden gleichmäßig verteilt rundherum überhängen.

2 Aus weißem und gemustertem Tonkarton je ein Stück von 10,5 cm x 20 cm schneiden. Den weißen Tonkarton zu einer Röhre kleben, die sich über die Papprolle und die Paketschnüre schieben lässt, und mit dem bunten Tonkarton verkleiden. Die Enden der Paketschnüre 0,5 cm lang über die äußere Papprolle hochlegen, mit Kleber fixieren und die Papprolle an dieser Kante mit einem 2 cm breiten und 26 cm langen Streifen Wellpappe umkleben. Am oberen Rand der Rolle einen 7 cm breiten, 18 cm langen Streifen Krepppapier befestigen und zu 1 cm breiten Fransen schneiden. Die Klebekante mit einem Streifen Wellpappe von 1,5 cm Breite und 18 cm Länge abdecken.
Das Schälchen mit Kleinigkeiten füllen, vorsichtig nach unten schieben (dabei bewegt sich die äußere Rolle nach oben) und die Fransen locker nach innen legen. Wird die äußere Rolle nun am unteren Wellpappenring mit einem Ruck nach unten gezogen, schleudert die Überraschung oben heraus.

Anleitung Konfettikanone Seite 16.

Auf ein Tänzchen

Material

- Tonkarton in Weiß, Hautfarben, Gelb, Rosa, Rot, Braun, Schwarz
- Gemusterter Tonkarton in Rosa mit Blümchen
- Regenbogenkarton
- Regenbogenkrepp
- Wachsmalstift in Rot
- Filzstift in Schwarz
- Gelstift in Weiß
- Dünner Zierdraht in Messing
- 10 kleine Glasperlen

Vorlagen D1, D2

Motivgröße: 30 cm

1 Die **Ballerina** (Vorlage D1) bändigt ihren gelben Haarschopf mit einem rosa Band. Als zusätzlichen Schmuck ein 6 cm langes Drahtstück doppelt legen, auf die Enden die Perlen fädeln und fixieren. Den Draht auf der Rückseite des Kopfes befestigen. Sie trägt einen weißen Pulli und ein rosa Röckchen mit Blumenmuster. Die bunte Schärpe wird ihr unter den Arm geschoben. Hände und Beine mit den Schuhen auf der Rückseite anbringen.

2 Der kleine **Indianer** (Vorlage D2) trägt in seinem schwarzen Haar ein gelbrotes Stirnband. Das braune Hemd und der Arm haben das gleiche Muster als Kante. Die Seitenlinie der Hose mit dem Cutter einschneiden. Zwei Streifen Krepppapier von 2 cm mal 9 cm aufeinander legen, etwas zusammenschieben und in den Schlitz einkleben. Die Streifen mit der Schere zu Fransen schneiden. Hand und Füße auf der Rückseite ansetzen.
Einzelheiten mit Filzstift, Lichtreflexe mit dem Gelstift malen. Die Wangen mit dem Wachsmalstift betonen. Zum Schluss bekommt der Indianer seine Kriegsbemalung und nimmt die Ballerina an die Hand.

Löwe & Tiger

Material

- Tonkarton in Weiß, Gelb, Orange, Rosa, Schwarz
- Tonkarton „Tigerfell"
- Krepppapier in Orange
- Kordelgummi
- Lochzange

Vorlage E

Motivgröße:
(Tiger) 23 cm

1 Anhand der abgepausten Vorlage prüfen, ob die Lage der Augen verändert werden muss, eventuell anpassen. Die Kopfform aus dem entsprechenden Tonkarton schneiden, Ohrinnenteile aufkleben.
Das Nasenteil mit der schwarzen Nase und der oberen Zahnreihe versehen. Nur im schraffierten Bereich mit Kleber befestigen. Die untere Zahnreihe am Kopf fixieren. Mit der Lochzange in die seitlichen Laschen Löcher stanzen und Kordelgummi in entsprechender Länge anknoten.

2 Für den Löwen von der Krepppapierrolle ein 9 cm breites Stück abschneiden. Auf der Rückseite des Kopfes das Krepppapier ankleben, dabei immer etwas zusammenschieben und die Kordellaschen freilassen.

Hex, Hex

Material

- Regenbogen-tonkarton
- 4 Trinkhalme
- Rote Kordel, ca. 2 m
- Stickgarn in Rot
- 4 Bunte Lutscher

Vorlage F

Motivgröße: 19 cm

Die Hexen und je einen einzelnen Arm mit dem Cutter aus dem Regenbogenkarton schneiden. Die Trinkhalme auf 14 cm kürzen und als „Besenstiel" auf der Rückseite der Hexen fixieren, den zweiten Arm dagegenkleben. Die Lutscher mit dem Stiel in die Trinkhalme schieben, eventuell mit einem Klebestreifen fixieren. Einen kurzen Faden vom Stickgarn mit der Nadel durch den Hexenhut ziehen und die Hexen damit an der Kordel festknoten.

Buntes Feuerwerk

Abbildung & Materialangaben Konfettikanone Seite 10/11

1 Zunächst eine Öffnung der Papprolle mit Paketklebeband verschließen, dann die Rolle mit Holografiefolie umkleben. Aus weißem und silbernem Tonkarton je ein Stück von 18 cm mal 27 cm schneiden. Den weißen Karton zu einer Röhre kleben: Diese muss eng um die Papprolle liegen, sich aber gut schieben lassen. Ein Ende der Röhre mit dem Tüll verschließen und die Röhre mit dem silbernen Tonkarton umkleben. Den Kreisausschnitt mit Holografiefolie bekleben und an der Klebelasche zu einer Tüte schließen (Vorlage C1). Diese wird mit der großen Öffnung auf die mit Tüll verschlossene Seite der Röhre als Kanonenspitze aufgeklebt.

2 Die Papprolle mit der verschlossenen Seite voran in die zweite Röhre schieben und die Kanone mit den freundlichen Gesichtern aus buntem Tonkarton verzieren.
Mit dem Locher Konfetti herstellen, in die Spitze der Kanone füllen und los gehts!

Geheimnisvolle Masken

Material

Maske in Schwarz

- Tonkarton in Schwarz
- Holografiekarton „Sterne" in Silber
- Regenbogen-krepppapier
- Kordelgummi

Maske in Rot

- Tonkarton in Rot
- Holografiekarton „Sterne" in Gold
- Federn in Rot, Blau, Grün
- Kordelgummi

Maske in Silber

- Tonkarton in Silber
- Holografiekarton „Sterne" in Silber
- Regenbogenkarton
- Effekt-Zierdraht, gezackt
- Kordelgummi

Vorlage G

Anhand der abgepausten Vorlage prüfen, ob der Augenabstand verändert werden muss.

1 Maske aus schwarzem Tonkarton schneiden. Zierelemente aus Holografiekarton aufkleben. Vom Krepppapier einen Streifen von 18 cm mal 50 cm schneiden. Diesen mit der langen Seite entlang der Maskenoberkante auf der Rückseite befestigen, dabei etwas raffen.
An den in der Vorlage gekennzeichneten Kreuzen mit einer spitzen Schere durchstechen und auf einer Seite das Kordelgummi anknoten. Durch Ausprobieren die benötigte Länge ermitteln, abschneiden und auf der anderen Seite ebenfalls anknoten.

2 Maske aus rotem Tonkarton schneiden. Die Augenumrandung zweimal aus Holografiekarton schneiden (einmal seitenverkehrt) und aufkleben. Die Federn auf der Rückseite der Maske am oberen Rand mit Kleber befestigen. Federkiele mit einem Klebebandstreifen abdecken, damit sie nicht piksen. Kordelgummi anbringen.

3 Aus dem silbernen Tonkarton die Maske schneiden. Die Zierelemente aus Holografiekarton und Augenbrauen aus Regenbogenkarton aufkleben. Ebenfalls aus Regenbogenkarton acht Kringel schneiden, vier davon auf der Maske platzieren. Für die übrigen vier aus dem Zierdraht kleine Spiralen um einen Stift wickeln, an je ein Ende kleine Ösen biegen und die Spiralen daran befestigen. Das andere Ende der Drähte auf der Rückseite der Maske fixieren. Noch ein paar zusätzliche Spiralen aus dem Draht anbringen. Alle Drahtenden auf der Rückseite der Maske mit einem Klebestreifen abdecken. Kordelgummi anbringen.

Pippi Langstrumpf

Material

- Tonkarton in Hautfarben, Gelb, Orange, Grün, Braun
- Regenbogenkarton
- Gemusterter Tonkarton in Blau mit Herzen, Karos
- Nähgarn
- Filzstift in Schwarz
- Gelstift in Weiß
- Wachsmalstift in Rot

Vorlage H

Motivgröße: 29 cm

Pippi Langstrumpf mit den orangefarbenen Haaren trägt ein gelbes Kleid. Die Arme auf der Rückseite ansetzen. In den Händen hält sie die Gewichtsstange mit den Luftballons. Die Beine mit den Socken, einem Strumpfhalter und den aufgesetzten Schuhen am Kleid fixieren. Nun noch die bunte Haarschleife befestigen, die übrigen drei als Bonbons mit Nähgarn an den zerplatzten Ballon hängen. Mit dem Wachsmalstift etwas Wangenrot auftragen. Gesicht und Einzelheiten mit dem Filzstift zeichnen, die Lichtreflexe mit dem Gelstift malen.

Kunterbunte Clowns

Abbildung & Materialangaben Seite 24/25

1 Auf die Jacke von Clown Anton (Vorlage K1) werden das Hemd und die Kragenbesätze geklebt. Hände mit Armteil und Ärmelbesätzen aufkleben, dabei die Finger von Kleber frei lassen. Den Kopf am Körper fixieren, Gesicht und Haare anfügen. Die Hose auf der Rückseite fixieren, das zweite Hosenteil mit Bein, Socken und zweiteiligem Schuh auf die Hose setzen. Den anderen Schuh mit dem Socken auf der Rückseite befestigen. Das Saxophon unter die Finger schieben und fixieren. Mit den Stiften die Einzelheiten malen.

2 Für Clown Heini (Vorlage K2) die Hosenträger und die Hose am Pullover befestigen. Den Kopf mit der Halskrause fixieren und Haare, Hut, Mund und Nase aufkleben. Die Trommel zusammensetzen und auf der Hose platzieren, ebenso die Knöpfe und Hosenaufschläge. Die Schuhe auf der Rückseite ansetzen. Nun die Hände mir den Ärmelkrausen am Pullover fixieren und dem Clown die Stöcke in die Hand geben. Das Gesicht und weitere Einzelheiten malen sowie Lichtreflexe zeichnen.

Abrakadabra

Material

Magier

- Tonkarton in Weiß, Hautfarben
- Regenbogenkarton
- Acrylkugel, 8 cm ∅
- Filzstift in Schwarz
- Gelstift in Weiß
- Fun Liner in Weiß, Gold

Tischkarte

- Tonkarton in Hautfarben
- Regenbogenkarton
- Tonkarton in Blau mit Sternen
- Holografiekarton „Sterne“ in Silber
- Stickgarn in Schwarz
- Filzstift in Schwarz
- Gelstift in Weiß
- Fun Liner in Weiß
- Wachsmalstift in Rot
- Motivlocher Stern

Serviettenhalter

- Regenbogenwellpappe
- Holografiekarton „Sterne“ in Gold
- Plombendraht
- Motivlocher Stern
- Servietten

Vorlagen J1 - J3

Motivgrößen:
(Magier) 25 cm,
(Tischkarte) 13 cm

1 Für den **Magier** alle Teile in doppelter Anzahl (einmal seitenverkehrt) ausschneiden (Vorlage J1). Die Ärmel entlang der gestrichelten Linie am Körper hoch knicken. Die Körperteile über eine Tischkante etwas rund ziehen und an den Klebelaschen zu einer Tüte zusammenkleben. Die jeweils gegenüberstehenden Ärmel mit Kleber zusammenfügen. Je zwei Arme gegeneinander kleben, die Daumen zuvor nach außen biegen und die Ärmel zwischenfassen. Eine Acrylkugelhälfte an den Daumen befestigen, sodass der Magier sie in die Höhe hält. Die zusammengesetzten Köpfe auf Vorder- und Rückseite am Körper fixieren, die Mützen etwas nach vorne biegen und an die Acrylkugel kleben. Gesicht und Einzelheiten mit Filzstift malen. Das Muster auf dem Gewand mit Fun Linern auftragen.

2 Die **Karte** entlang der gestrichelten Linie spiegeln (Vorlage J2), auf Regenbogenkarton übertragen und ausschneiden. Ärmellinie mit dem Cutter einschneiden und die Hand einkleben. Vom Stickgarn 1,5 cm lange Stücke schneiden und als Haare am Kopf fixieren. Die Linie am Hut mit dem Cutter einschneiden, den Kopf einschieben und befestigen. Kragen und Kopf auf die Karte kleben. Gesicht und Einzelheiten malen. Mit dem Fun Liner den Namen auftragen. Zum Schluss noch zwei Sterne aus dem Motivlocher platzieren.

3 Einen Plombendraht in der Mitte durchtrennen und beide Stücke um einen Stift zu Spiralen biegen. Für den **Serviettenhalter** ein Stück Wellpappe von 7 cm mal 15 cm zu einer Röhre kleben; dabei werden die kurzen Seiten leicht überlappend aufeinander geklebt und je ein Ende der Drahtspiralen mit eingefasst. Die Sternvorlage (J3) viermal aus Holografiekarton schneiden und je zwei Sterne an die Drahtenden gegeneinander kleben. Mit Sternen aus dem Motivlocher die Röhre verzieren. Die Serviette zu einer Ziehharmonika falten und in den Serviettenhalter stecken.

Oliver

Kunterbunte Clowns

Material

Anton

- Tonkarton in Weiß, Hautfarben, Orange, Rot, Blau, Schwarz, Gold
- Tonkarton kariert mit Sternen
- Rest Holografiekarton in Silber „Sterne"
- Filzstift in Schwarz
- Gelstift in Weiß

Heini

- Tonkarton in Weiß, Hautfarben, Orange, Rot, Grün, Blau, Braun, Schwarz
- Tonkarton kariert, in Blau „Swirl"
- Holografiekarton in Silber „Sterne"
- Filzstift in Schwarz
- Gelstift in Weiß

Vorlagen K1, K2

Motivgrößen:
(Anton) 31 cm,
(Heini) 33 cm

Anleitung Seite 20

Fröhliche Gesichter

Material

- Tonkarton in Weiß, Hautfarben, Gelb, Gold, Orange, Rot, Blau
- Tonkarton kariert, in Gelb „Swirl"
- Regenbogenwellpappe
- Kordel, ca. 2 m
- Tüll in Weiß, 16 cm x 20 cm
- Rest Goldkordel
- 1 weiße Feder
- Filzstift in Schwarz
- Gelstift in Weiß
- Roter Wachsmalstift
- 1 Zahnstocher

Vorlagen L1, L2

Motivgröße:
(1 Gesicht) 18 cm

Die vier Gesichter mit den unterschiedlichen Frisuren versehen und der Abbildung entsprechend gestalten. Aus der Regenbogenwellpappe fünf dreieckige Streifen (siehe Vorlage L2) schneiden und vom breiten Ende anfangend um einen Zahnstocher aufwickeln. Das Ende mit Kleber fixieren. Die Röllchen auf die Kordel fädeln und jeweils ein Gesicht dazwischen an der Kordel befestigen.

Auto & Clowns

Abbildung & Materialangaben Seite 28/29

1 Fahrzeugteil A aus Regenbogenwellpappe schneiden (Vorlage M1). Gestrichelte Linien eindrücken, alle Felder knicken und den Fahrgastraum an den Klebelaschen zusammenkleben. Aus der blauen Wellpappe ein Rechteck von 8 cm mal 16,5 cm zuschneiden und als Motorhaube an den vorderen Klebelaschen befestigen, dabei etwa 2 mm weit in den Ausschnitt der Vorderseite schieben. Die Motorhaube mit dem Rundbogenzuschnitt verschließen. Für Vorder- und Rücklichter je einen Streifen, 1 x 19 cm, der Wellpappe eng aufrollen und ankleben.

2 Acht Räder schneiden, je zwei gegeneinander kleben und mit Streifen (1 cm mal 38,5 cm) umkleben. Die Kreise in der Mitte durchstechen; am Auto vorn und hinten jeweils auf beiden Seiten 0,5 cm über dem Boden einstechen. Schaschlikspieße (10,5 cm lang) durch die Löcher im Fahrzeug schieben, Räder aufstecken und je ein Perle auf die Enden kleben. Die Reste der Spieße für die Windschutzscheibe in die Wellen am Wagen stecken und einen Streifen Wellpappe (1,5 cm mal 8 cm) befestigen. Aus dem Messingdraht zwei Spiralen um einen Stift wickeln, die Blüten an ein Ende kleben und die anderen Enden am Heck des Wagens fixieren. Nun noch mit Naschwerk füllen. Die **Trinkhalme** gemäß der Vorlage M2 bzw. Abbildung gestalten.

Auto & Clowns

Material

Auto

- Wellpappe in Blau, Regenbogen
- Tonkarton in Gelb, Rot, Blau
- Messingdraht, 0,6 mm
- 2 Schaschlikspieße
- 4 Holzperlen in Rot, 8 mm ∅

Clowns

- Tonkarton in Weiß, Hautfarben, Orange, Rot
- Tonkarton kariert
- Kordel, 16 cm je Figur
- Filzstift in Schwarz
- Gelstift in Weiß
- Trinkhalme

Vorlagen M1, M2

Motivgrößen:
(Auto) 16 cm,
(Clowns) 7 cm

Anleitung Seite 26

Dino & Drache

Material

Dino

- Tonarton „Baumrinde"
- Tonkartonreste in Gelb, Schwarz
- 2 Briefklammern
- Kordelgummi

Drache

- Tonkarton in Orange, Grün, Schwarz
- Regenbogenkrepppapier
- 2 Briefklammern
- Kordelgummi

Vorlage N

Motivgröße: (Dino/Drache) 27 cm

1 Für den **Dino** die Augenlinie mit dem Cutter einschneiden. Die Kopfseitenteile entlang der gestrichelten Linien leicht knicken. Beide Kopfseitenteile an der Klebelasche zusammenkleben. Das vordere Nasenteil mit seiner Klebelasche unter die Kante A am Kopf schieben und fixieren. Die kleinen Klebelaschen nach innen biegen und den Rand des Nasenteils ankleben. Den rückwärtigen Einschnitt B am Kopf etwas überlappend schließen. Unterkiefer entlang der gestrichelten Linien knicken und an den Klebelaschen zusammenfügen. An den Kreuzen der Vorlage beide Teile mit einer Scherenspitze einstechen und mit den Briefklammern verbinden.
Die Augen platzieren. Den Kreisausschnitt zu einer Tüte zusammenkleben, die Klebelaschen nach innen knicken und als Horn auf dem Kopf fixieren. Die Kopfschilde mit den Klebelaschen am hinteren Rand der Maske befestigen. Das Kordelgummi an den in der Vorlage durch ein Kreuz markierten Stellen befestigen.

2 Für den **Drachen** den Kopf zunächst zusammensetzen wie beim Dino. Augen und Nüstern aufkleben. Kreise aus Regenbogenkrepp platzieren, dabei die Briefklammern abdecken. Einige 2 cm breite und 20 cm lange Kreppstreifen (gelb, rot) als Feuer auf der Innenseite des Unterkiefers fixieren.
Die Zähne auf den Kieferinnenseiten ankleben. Die Ohren am Einschnitt leicht überlappend zusammenkleben und am Kopf platzieren. Lichtreflexe mit dem Gelstift zeichnen. Kordelgummi anbringen. Bei aufgesetzter Maske schaut man durch das geöffnete Maul.

Impressum

ISBN 3-419-56499-6

Lektorat:
Karin Breyer, Freiburg

Styling und Fotos:
Christoph Schmotz, Freiburg

Covergestaltung und Layoutentwurf:
Network!, München

Gesamtproduktion:
smp, Freiburg
Layout: Gisa Bonfig, Freiburg

Druck:
Freiburger Graphische Betriebe

Wir sind für Sie da, wenn Sie Fragen haben.
Und wir interessieren uns für Ihre eigenen Ideen und Anregungen.
Schreiben Sie uns, wir hören gerne von Ihnen!
Ihr Christophorus-Team

Christophorus-Verlag GmbH
Hermann-Herder-Str. 4
79104 Freiburg
Tel.: 0761/ 27 17-0
Fax: 0761/ 27 17-3 52
oder e-mail:
info@christophorus-verlag.de

www.christophorus-verlag.de

Aus der Brunnen-Reihe

3-419-56384-1

3-419-56316-7

3-419-56407-4

3-419-56314-0

3-419-56315-9